EnamorNada

POEMAS Y APUNTES
DEL MAL QUERER

Bárbara Leeqüez

Autora: Bárbara Leeqüez

Edición: Cristina Medrano

ISBN: 979-13-990155-5-3
Depósito legal: BA-000198-2025
Primera edición, 2025
www.editorialcuatrohojas.com / info@editorialcuatrohojas.com

Prólogo de la autora

En este libro, he atado mi autoestima a mi ser a fuego necesariamente. Por haber sido una travesía por el infierno con demonios mayores que he tenido cerca.

Por adaptación, resiliencia y transmutación, el mal viaje se fue transformando para dar vida a mi amor interno y dar muerte a lo que así debiera estar.

Sin perder el camino de vista, me llevé de la mano hasta urdir el plan que sacara de mi hogar el temor, el dolor y el sufrimiento que el verdugo me regalaba a diario y quería perpetuar como estancia eterna.

Cada batalla entre su maldad y mi arte daba a luz un nuevo logro en forma de poema o relato que fortalecía mi visión interior propia, devolviéndome mi presencia. Con la seguridad de no querer volver a estar en un infierno así y con la certeza de no querer volver a alejarme de mi misma.

Este conjunto de textos es un grito, un abrazo, un aviso,

una bandera roja o una compañía que fue necesaria para mí, y de corazón espero que a alguien le sirva para tomar acción o para sentirse comprendida

1. LO FEO

Lo feo está delante también, basta de esconderlo.
Lo feo no es la sombra de lo bonito.
Lo feo es una cara que da la cara.
Lo feo es valiente y no se oculta con los vestidos
de lo superficial para dejar de ser.

Lo feo es, lo feo está, lo feo vive.
Lo feo es necesario en cualquier transformación y
no siempre es el principio.

Lo feo es la dirección real y sincera,
esa verdad compañera que te empuja a ser mejor.
Lo feo está en lo frío y también en el calor,
en el silencio y en el clamor,
en la indiferencia y en la ausencia de amor.

Los ojos me enseñan lo feo y no siempre lo veo.
Puedes ver las dos vertientes,
las caricias y los apretados dientes.
Quedarse o salir corriendo, lo vuelven bonito o feo.
Hay ojos bonitos que lo ven todo feo...

Porque lo feo está ahí tranquilo,
sentado en un bar, fumando un cigarrillo...
Auténtico y sin pose,
desgarbado en su *glamour*
a sabiendas de que el mundo gira y mira...

Pero, con esta ceguera de lo bonito,
ahí está lo Feo de pleno derecho y dice:

«La belleza existe cuando yo me quito».

2. LAS LÁGRIMAS

Hay lágrimas de dolor, de rabia, de pena y de comprensión.
Lágrimas de alegría, de risa, lágrimas de emoción…

Las lágrimas que más duelen las lloro hacia adentro,
donde el alma no puede contenerlas ni dejarlas salir…
Donde el pesar es tan pesado que no las deja fluir y
solo brotan si tocas, con mucho tiento,
esa losa de dolor
que, bien encajada en su surco, amenaza con formar
una buena avalancha
en cuanto se mueva el tapón.

Las lágrimas de risa salen por el rabillo del ojo.
Salen sin prisa y, si las toco, parece que no me mojo.
A esas de cuando te quedas dormido,
también se parecen un poco.

Las lágrimas de rabia brotan
como la savia de un mutilado tronco,
con fuerza te golpean, voluminosas, el ojo
vomitando una injusticia que declaran con arrojo.

Las lágrimas de pena aparecen en la cena.
A eso de la media noche, Monk[1] anuncia su condena.
Seguro que una vez fue buena
la razón de su derroche.

---

1. Referencia a *Round Midnight*, de Thelonious Monk.

Las lágrimas de emoción, como las de comprensión,
son una observación nueva
que, curiosamente, sale cuando hay una puerta abierta
que tan solo gente cierta
abre y escucha qué suena.

3. LAS MUJERES LAGARTO

Las mujeres lagarto se conocen muy bien.
No necesitan variedad de experiencias,
apoyo ni compañía
para saberse tan completas y conocidas de sí mismas.

Si tú no eres una, te sorprenderá saber
que son las que pisan a otra con el tacón
retorcido de su actitud envidiosa.

Pueden ser grandes amigas a lo largo de tu vida,
Pero un día se les sale la bilis de la barriga.
Pueden ser de las que hablan, pero no dicen nada;
de las que cantan, pero no tocan el alma;
de las que se ven valientes sobre la otra, que está ahogada.

Las que no son compañeras si no has estudiado igual o
las que, si te cultivas, tu cosecha quieren malograr.

Son cero apoyo, pero van de solidarias;
son criticonas sin mirarse sus propias llagas;
son falsas, dramáticas y enteradas.
Son como las lagartijas: no les penetra el amor.

Son mujeres lagarto…
De las que eligen si tú eres digno de existir o padecer,
las que te miden por edad, por arruga, por vanidad,
las que creen que todo gira dentro de su cuidad y,
si vienes de otro mundo,
ellas son tu Ku Klux Klan.

4. ¿PARA QUÉ NEGARLO?

¿Para qué negarlo?
En algunas ocasiones, me he entregado a la ceguera
sabiendo que en algún momento se haría la luz
con esa película de mis sombras proyectadas.
Una ilusión que me deja entrar sin protocolos
y me invita a seguir creando nuevos episodios
con todas esas porquerías descubiertas que barro,
por ahora, convenientemente bajo la alfombra
para no ser arrastrada por la realidad.

¿Para qué negarlo?
He disfrutado sabiendo
que llegaría el final justo al empezar…
Y, aun pudiendo marchar,
me he quedado
preguntándome, aún sana,
¿cuánto durará esta nueva locura?,
¿cómo volveré de despeinada de la aventura?,
¿dónde despertaré mañana?

¿Para qué negarlo?
Hay días en los que me obligo a seguir
para no darle la razón
a la censura de mi mente cuando alza la voz.
Y, en este fuego en el que o te forjas o te quemas,
he dado forma a curaciones y nuevos temas,
a ese fluir de las musas cuando salen los poemas,
bolas de fuego que se convierten en lemas.
Y los que ven un poco más,
pueden sentirlo por dentro y con los demás.

5. CÍRCULO DE ESCOBAS

Es un duelo diferente.
Llevo el vestido del duelo, pero mi alma sonríe;
El negro ya no me abruma,
más bien me adorna penumbras y disimula las luces
que se cuelan por mis pies.

Camino ligero, siempre llevo prisa,
temiendo que me persiga la sombra de ese dolor,
que me encoja perturbando el ritmo de mis latidos a
bocanadas torpes de angustia y de ansiedad.

El mantón del duelo sombrío y malévolo,
el que te quiere arrancar de cuajo todo vestigio
de pronta recuperación.

Cuarenta y cuatro escobas como estacas
formando un círculo bien grande,
y en el centro sentarme a decidir
hacia donde barrerán todas de golpe.
Barrerán hacia adentro lo que tengan que ganar.
Barrerán hacia afuera los deshechos de verdad.
Pero, en el círculo,
no habrá alfombra
para barrer debajo
lo que los palos de escoba te enseñan
pero te niegan las sombras.

6. SOBRE MI RABIA

Mi rabia me mueve y me para.
Si algo me conmueve, por ello doy la cara.
Mi rabia es sabia,
me transforma y me trastorna a partes iguales,
me mete en berenjenales, pero también me saca.

Mi rabia no arranca ni haciendo palanca;
si no me deja avanzar, se me bajan los brazos,
se me muere la savia.
Dolores más antiguos que el Heno de Pravia,
trazos de colores para pintar mi banca,
una guerra de sapos dentro de mi charca.

Me deja sin remos, solo la barca,
Mi dimensión se hace parca,
me vuelca hacia afuera, me revuelve en el asiento,
combustible adecuado con un buen pensamiento o
en bucle interminable como María Sarmiento.

7. MIRARTE

Mirarte, me falta mirarte.
Mirar hacia donde pones los ojos y tu mirada,
mirar cómo sujetas un vaso o remueves la ensalada.

Mirarte mirarte al espejo mientras crees que no te veo,
mirarte durmiendo,
mirarte triste
y mirar si hay trucos nuevos entre todos tus tormentos.

Mirarte andar, mover las manos,
moverte el pelo hacia un lado.
Mirar de frente tus ojos y furtivamente tus labios.

Mirarte con detenimiento
para verte bien por dentro
y escuchar…
Escuchar atentamente lo que no quieres contar,
pero lo cuenta tu cuerpo,
tus movimientos, tu forma de hablar…
Y con todo lo que escucho, tal vez, ponerme a bailar.

8. UN DÍA CUALQUIERA

En un día cualquiera de un artista atormentado,
hay varias percepciones del tiempo y del entorno.

Por la mañana, hay demonios y purezas incómodas,
la vista hace ver que no ve y el cuerpo
tiene más de un lamento.

Por no decir que la esperanza
siempre está al final del cuento,
como si apareciera,
tan cruel como inocente,
solo para recordarte
que esa tuerca admite una vuelta más
y aún no es hora de morirse.

En un día cualquiera de un artista atormentado,
las ganas de vivir se juntan con las de morir,
si hay suerte, en algún cuaderno,
en la forma de una canción
o en una interpretación que te deja sin aliento.

En un día de estos,
me busco para ver si aún me encuentro,
me comparo y me critico, me hundo y me levanto,
me animo y me destruyo, me dejo salir y me encierro,
alimento mis males y pongo en duda lo bueno.

En un día cualquiera de un artista atormentado,
ese señor tan feo que anda por mis adentros
hace trizas con las manos mis ganas,
mis papeles van borrándose la tinta
cuando creen que no los leo;
saben que el blanco me asusta o me disgusta si lo veo.

9. DUNAS NUEVAS

A mi desierto le han salido dunas nuevas,
redondeces que nadie ve florecer
como pinturas antiguas en las cuevas.

Fragancias eternas de flores
resucitadas de la podredumbre
por su propio olor a vida
y vuelta a empezar,
hasta volver a morir
embriagadas de sí mismas.

La muerte acontece a cada rato
al final del pasillo de la vida;
no sé si habrá luces, pero sí salida,
un pasaje hacia una nueva sacudida.

Aunque me quede desnuda, sigue ahí la herida.
Mi autoestima en estampida
para que vuelvan las sombras.
Sombras que alargan siluetas de las dunas nuevas
que ha formado mi desierto,
cual fortaleza efímera y eficaz en la misma medida,
al mismo tiempo.

10. ABISMO

La entrada aún abierta
de un abismo disfrazado
que espera su última visita
para desaparecer entre las sombras familiares.

Resonancias repetidas en el minuto uno
de conciencia compartida
y dar el salto al vacío de un abismo nuevo,
lleno de espacio deshabitado
y repleto de seres que habitan,
al tiempo que no los ves.

Un bombeo de líquido vivo latente y rítmico
que golpea dentro de mis entrañas
para quedarse unos días
de visita continua pero efímera,
tan efímera como bella.

Opaca y traslúcida intención
de ser compartido
y, sin embargo, invitando a la huida
desde el mismo sillón.

Me posee una imagen montada de piezas que tocan puntos
concretos de anclaje en mi estructura.
Locuras de cables y bloques andantes
que no distinguen la bondad de la usura…. y huyen.
Huyen sin saber que el camino es una redondez
de la barriga de un muerto que descansa boca arriba
hasta encontrase exhausto…

Y, entre risas y llantos,
vislumbrar el hueco por el que no hay salida.

Me encuentro otra vez en el abismo,
siempre parece diferente, pero es el mismo,
y me dejo llevar porque sé
que se atragantará y me escupirá,
como siempre hace conmigo.

11. MAÑANA MUNDANA

Inspiraciones mundanas
en la vida del artista.
De lo redondo, una arista,
sacamos por las mañanas.
Según caigo de la cama,
voy directa a mi cuaderno…
Le pongo luz a mi averno
cambiando todos mis miedos
por amores sempiternos.

12. LA SOMBRA ENAMORADA

Soy una sombra enamorada de la piel que habito.
Feliz de habitarla y siempre amando,
esperando el divino momento
en que poder tocarla, y bailo…
Bailo tan encantada que apenas percibo el suelo y floto…

Floto en esta oscuridad de espacio roto,
un interior que nadie ve,
un triste averno que es mi casa y bailo…
Bailo girando sobre mí misma con los brazos hacia arriba
juntándolos con mis manos.

Imagino, ya que aquí no hay luz,
lo fugaz y bello de mis movimientos.
Cada giro de mi cuerpo es un lamento interno
que lentamente la va consumiendo
y así es como ella se va acercando a mí.

¡Oh, querida piel!, qué ganas de sentirte,
envolverte en mi sombra y derretirte conmigo.
Volver violáceo el color de tu vestido.
¡Oh, querida piel!, te haré con mi sombra un abrigo.

Bailo en mi oscuridad, la suya, la mía y nuestro destino.
Aprieto el lamento y la intensidad de lo oscuro
y poco a poco se va encogiendo.
Ya casi, ya casi la siento
forzar con dolor, un poquito más, el momento
hasta que llegue la muerte y nos una:
ella fuera y yo, como sombra, caminando con tiento.

Se hace una vez y no hay segundo intento
Es tan bonito y oscuro lo que siento…
Soy una sombra con presencia
y soy quien pone el condimento
del dolor, del sufrimiento que la consume y me trae…
Cada vez más cerca tengo a mi amada piel de muerto.

13. QUERIDO ANGELITO

Querido angelito, deja de decirle ya lo que es mejor hacer,
estamos preparando juegos que te van a escandalizar,
así que recoge tu ropita y vete a dormir, que ya eres un
poquito pesado...

Se abren las puertas de lo oscuro y camino entre tubos de
luz roja y telas negras traslúcidas, estampadas con la cara
destrozada de mi mejor demonio en su último accidente.

Hay un montón bien atado de alambres, es mi cepillo de
dientes, me quedan relucientes.

Sonrío y ya estoy dentro.

El saludo es retorcerte la muñeca.
Le doy la izquierda, la razón es la siguiente:

Mi muñeca me habla y es la derecha.
Será que entre ella y las musas me dictan estas sentencias.
Me condenan sin evidencias.
Me van cavando el surco profundo por el que andar, con
una ligera pendiente que me lleva hasta el infierno, hasta el
patio de recreo o el cuaderno.

Entre tanto olvido y rudeza, ya se me olvida lo tierno.
Misión cumplida para ellos, mantenerme en el invierno.

«Pasa y descúbrete el pecho».
Con una sonrisa tétrica que pretende recuperar
una antigua mueca amable, desentrenada y torcida,
me mira fijo a los ojos…
Cuando ya estoy absorbida,
lenta como en un masaje,
su mano está introducida ahí, debajo del pulmón.

Con un solo movimiento, envuelve mi corazón.
Me asombra que no lo tema,
tal vez así lo esperaba,
¿Será que este fuego no quema y el corazón me sobraba?

14. CON TODO

Salen por la noche a bailar
cuando el vacío me abruma
y la incertidumbre de un calor nuevo,
me aprieta en el pecho
pidiendo su espacio en el acorde central.
El ritmo se va acompasando a
esa danza de sombras que se abrazan
en una oscuridad compartida por lo familiar.

Agotaremos la energía de ese vacío
hasta llenarlo de un contacto y una conexión
que nos inmole en un conjunto de crisálidas de amor
que, por fin, puedan extender sus alas
agitando con el movimiento
una oscuridad que nos siga llamando
desde el exterior.

Exoesqueleto abandonado pero cierto,
donde no hay dudas y el hueco es para salir,
pero para nadie más está abierto.
Extraño ese solitario estado
sin que mi aliento
lleve un suspiro escondido
de un corazón tan válido como dolido
que se lo juega todo, aunque no haya acierto.

15. DÍA DE SOMBRAS

Trabajando en mi oscuridad,
moviendo los muebles de mi cabeza
para que no entre la luz,
hoy es un día de sombras.

He quitado las alfombras para sentir
mi cuerpo en todas sus rarezas,
estoy ocupada en nuevas piezas
que despedazan mi verdad y
me da igual si te asombras de que no quiera salir.

16. EL SURCO

Lo peor que encontró de querer esconderse
fue no poder encontrar la puerta
justo en el momento preciso
antes de que todo se volviera extraño.

Miró hacia adentro por una de sus grietas,
pero la oscuridad no sale, solo está ahí,
sin intentos, esperando a encogerte de nuevo
según pongas un pie dentro.
Es tan tétrico y sombrío, tan húmedo y agonizante,
tan podrido de dolor…

Pero es mío… Y fuera crece de otra forma,
sin control, sin mesura,
y empieza a escarbar en mis entrañas
dejando surcos en los que me obliga
a plantar nuevos versos…
Y no sé si plantarme yo.

17. EL DESDÉN DE LOS SABIOS

El desdén de los sabios
El morado morir en los labios
que enmarcan puñales,
que encajan pañales
dentro de un ataúd de señales.

Morir dentro de un algodón
sangrante y abierto,
sentir el fluir, el perder el aliento.
Alas cortadas una y otra vez,
verdugo carnicero que despieza
mis ganas y patea mi juicio.

Pisadas en lo tierno,
pisotones que alisan cualquier expresión.
Se arruga el alma en una bola de cartón,
crítica sin condición.
Volver a volcar el líquido hirviendo
sobre la sospechosa sonrisa que quiere emerger
y no rimar si no es menester,
o no me apetece, aunque lo sepa hacer.

18. LA PIEZA

No es mi don utilizar el servilismo
para conseguir agradar a quien conviene.
Ni tan siquiera me entretiene
ver cómo me comparas deseando lo que no tienes.
Crees que no lo pillo, pero veo por dónde vienes,
entiendo por diferentes vías, como los trenes.

Odio lo superficial, defiendo la belleza de lo feo,
así que adoro mis genes.
Ya no bajo al pogo,
me quedo y muevo la cabeza.
Tenía un puzle inacabado y he encontrado la pieza.

19. PRIMERAS CITAS

A veces las primeras citas no son como esperas,
te invitan a un futuro incierto por unas escaleras.
Que, si son muy felices,
acabarán en penas y, si no, en poemas,
porque en los cuentos modernos las perdices vuelan.

20. ATENTA

Viene la luz del día porque tiene que venir,
pero otros vienen y van como las hojas caídas
de los árboles a principios del otoño,
con diferentes tonos de marrón y dorado…
Y así, la mano invisible del universo
me abrió una puerta que no lograba ver.

Amistosamente me saluda ladeando la cabeza
Y, manteniendo el contacto con mis ojos, me dice sin
hablar:
«Bienvenida a este nuevo mundo de experiencias.
Tu nuevo acompañante de la aventura está punto de
aparecer.
Por favor, aguarda unos días y estate atenta.
No vas a tener dudas de quién es».

21. DÉCIMAS DE LO ETERNO

Entre todos los mensajes
que lanzaba el Universo,
pude leer en sus versos
lo que no muestran los trajes.
Se abren todos los herrajes,
se van entornando puertas.
Cuidado cuando conviertas,
con tu tacto y tus caricias,
las maldades en delicias.
¡Del conjuro, estate alerta!

Pesqué todas las botellas
que me traían sus mares.
Encontré marcas dispares
que me dejaron su huella
Forma de existencia bella
que admiro y que siento dentro,
que me coloca en mi centro
solo con una mirada.
Nuestra suerte estaba echada
desde aquel primer encuentro.

Se evaporan los lamentos,
la fuerza en mí es infinita,
le quiero tanto y me excita
más que un príncipe de cuento.
Sabe volar en el viento,
sabe buscarse los peces.
Se equivoca algunas veces
como todo ser humano,
pero no suelta mi mano
y así es como me merece.

22. SE ABRE EL TELÓN

Se me van agolpando en el pecho
las expresiones que quieren salir, y trato
trato concienzudamente de poner orden
en la escena antes de abrir.

Se abre el telón…
Empiezo a sentir el aire lento y espeso de la sala.
Las respiraciones contenidas
miran como si solo fueran
a exhalar al empezar la trama…
Y todo ya es un soltar…

Cantar, bailar,
soltarse en una pirueta y entregarlo todo.
Desde lo más profundo
hasta la más expresiva interpretación
que a medio camino encuentra
en el público una razón,
un hueco en el corazón
similar a una puerta.

23. HAY NUBES

Hay muchas nubes,
pero sé que el Sol está detrás.
También sé
que está de más mirar detrás del telón
donde, justo antes de empezar la función,
se colocan bien las pelucas.

24. MIRAR DETRÁS DEL TELÓN

Miré… Sí, miré detrás del telón.
Últimamente lo hago mucho
para ponerle cara también
a lo que mi mente escucha.

Miré y vi dos monos histriónicos
tejiendo mi velo.
El color era blanco hueso…
¿O blanco roto…?
O blanco de hueso roto…
Con dos corchetes hechos
de lágrimas sangrientas
que se ajustan bien a tu psique
además de sujetar el pelo.

Aunque ellos no me ven,
siguen tejiendo confiados
y cavando el suelo
que marca un camino concreto
por el que voy a caer.

25. EL RECREO

Mis demonios se ríen de mí.
Les pregunto por qué este tormento
y, entre risas, me dicen
que es entrenamiento.
Uno grita desde el fondo:
«Te diría que va a ir bien, pero, ya sabes,
Siempre miento…
¿…No creerás que te vas a marchar de Soledad?
Es el hábitat más conocido,
para ti el más familiar,
donde nosotros
contamos siempre antes lo que va a pasar
con la tinta de lo oscuro y sin piedad.
Ya sabemos que le quieres ir a visitar,
pero el cielo no existe,
es solo el suelo de este infierno, no es real ese lugar».

Ahora te vistes para salir como
si fuera el último día que vas a poder bailar.
Porque es aquí donde bailas, no lo vas a negar.
Afuera solo te agitas y sube la intensidad,
la ansiedad, el deterioro de tu propia voluntad.
Aquí la tinta te mece sobre el mar blanco y en verdad,
aunque parece distinta,
es una hipoteca en un banco que roba tu libertad.

Cada vez es más difícil confiar…

«Pero, ¡yo quiero amar!».
«Déjate de quimeras, mira afuera y mide lo que das».

Mi cuerpo se inclina hacia delante
aceptando ser recipiente de la pena,
combustible de demonios,
alimento de su cena.
Una esperanza tejida con eslabones pesados
y oxidados forman la cadena.

Se pilla mi radio
y cambio el canal, pero no suena,
solo sus voces relatando mi condena.
Es un día de verano en el averno
y han salido al cuaderno a pasear.

Escenarios en mi cabeza son su patio de recreo.

«Lo que no veo no me creo. Sácame de paseo
por tu infierno, a ver qué tal.
Tu procura pensar mal y así no hay decepciones,
oscurece esa esperanza y písala con los tacones».

«Pero, es que me pone…
¿No lo puedo echar a pares y nones?».

«No me des lecciones de astucia con tu amor,
sueles ser más pura, no te pega estar sucia».

«Me estás contaminando con tu mal».

«Ahora cambias el chip y usas la culpa,
¿cuál es tu nueva argucia?
Eres demasiado cándida para seguir esta lucha.
Ríndete al despecho, mejor, antes de empezar…

Ya has visitado ese cielo que te sueles crear;
es tu corazón iluso que, solo en desuso,
está sano de verdad.
Déjalo llenarse con nuestra oscuridad.
Nosotros lo acogemos, es un hecho,
mejor en barbecho, ¡deja de soñar!».

«¿Y la esperanza…? A veces le trae algo
de equilibrio a mi balanza».

«Míralo bien…, es don Quijote,
¿quieres ser su Sancho Panza?».

«Qué cruel eres,
solo para hacerme tomar distancia».

«Es la verdad, querida.
Te prevengo de una herida y no me lo agradeces.
Lo has hecho tantas veces que ya no es divertido.
Esta vez te gano la partida.
Mejor que al galope, en estampida.
Eres bonita, una diva…
Ponte a enseñar el escote y te juro
que paro el brote de contemplación cansina…».

… Ponte sexi y dejo paso a nuestra amiga,
que siempre te empodera la muy pervertida.
Ella sí tiene capacidad de invertir tu retina
y, aunque te empeñes en irte, siempre te vienes.

«Me da envidia la tipa…
Cómo acaricia tu pecho y baja a tus orígenes.

Cómo te destripa y te estremece,
te abre de par sin par, encontrando tus líquenes.
¡Aquí viene!
Ni una palabra de lo que acabo de contar…».

«Hola querida,
¿ya estás encendida solo por verme llegar?».

«Será el morbo que me das…».

«Bien, ahora empiezan los derroches,
nos guardamos los reproches
y se invierte a polaridad.
Ponte un interior que dude,
si dejarte o si quitar.
Combinado a la par, aunque lo desabroche.
Que busque con los ojos los sitios
en los que va a hincar el diente,
déjalo latente y mírale dudar».

26. SOLOS

Solos... Sí, solos en la penumbra de una red de juicios
ingratos gratis.

Ganas de ver destruirse lo que envidias, lo que ves creado...
Y a sorbetes de desgana existencial crear una almohada
sobre la que llorar las lágrimas de lo propio convertidas en
carcajadas de lo ajeno.

Estirar el dedo y apuntar con él,
no todo va a ser ser buenos, no vaya a ser que se vean
por debajo de los faldones nuestras colas puntiagudas
manchadas del barro de la última bacanal.

Invítales a todos la próxima vez,
que vengan a compartir puñales,
que encuentren o se hagan nuevos agujeros
en los que clavarse o por los que desaparecer
para volver bajo la cama de cualquier infante o a la mente
atormentada de cualquier mortal sonriente
tratando de que le brille el diente
en este mundo de sombras.

Sombras absurdas que compiten continuamente
por tener más oscuridad.

27. CONTRASTE

El sol calienta mi piel,
que estaba deseando recibirlo,
pero demasiado tiempo
empieza a agobiarme y me quiero apartar.
Como contigo…

Entonces el agua cae por mi espalda
y es junto a ese calor que casi me achicharra
cuando se mezcla el contraste
y forma ese placer de sensación,
pero me falta el aire…

Que llega y me acaricia,
erizando mi piel y haciéndome caer
en un momento templado
en que dejar de lado
la tierra que pisan mis pies.
Poco me importa ya dónde estés.

28. UNA CADENA

Un montón. Una montaña.
Un eslabón. Una cadena.
Un comentario. Una charla.
Un sonido. Una canción.
Un escalón. Una escalera.
Un dolor. Una cadena.

29. BINOMIO

Creí haber olvidado este calor tan fresco.
Tus rayos me llegan y me calientan por dentro.
Los días se van juntando
en un puzle de alegrías
que transforma mis agonías y días de descontento.

Las señales se han puesto todas de acuerdo
para guiarme hasta ti en cualquier momento.
Mi mente vuela y planea hasta tu vibra,
y mi alma derretida
se escancia como la sidra.
¿Qué ha pasado con la hidra?
Las manzanas de mi pecho laten sin remedio,
me muerdes con todo el veneno, pero sin cuento.
Tus abrazos son reales, aunque sea invierno,
encienden en mí una luz que ilumina mis pasos.
Quiero romper la agenda de un pasado incierto,
despertar por la mañana enredada en tus brazos.

Resuelves ecuaciones que calculo hace tiempo
y terminas mis dibujos de un solo trazo.
Le buscas los colores a mi arte.
No encuentro una sola razón para alejarme.

Me estoy enamorando de este insomnio,
de este misterioso diablo
y todos sus demonios.
Lleva la maldad pintada
para disimular que es puro
Sus ojos son el binomio
que rompe mis muros.
¿Será que ya no dudo?

30. LA PERA

En realidad no es más que una puerta giratoria,
un amago de querer salir para volver a entrar
pretendiendo que era una despedida.
Lo mismo de siempre, la misma historia.

El marrón se volvió verde, pero no por primavera.
La penicilina brotó de aquella pera
por olvido, por dejadez, por pena.
Abandonó sus ganas de ser devorada y
su corazón se fundió a verde
como por fuera…

Como por fuerza, como si fuera
el último latido puro.
Como una fiera moribunda
que admite que ya no hay más lucha y
el momento de partir se acerca.

Ya se acomoda en la tierra,
que lo abraza con ternura y le recuerda
que, aunque su corazón muera,
hay un latido que conserva
con una cuerda escondida y
un mapa para que vuelva.

31. PUEDE…

¿Puede ser fresca una nostalgia
para desaparecer efusivamente
al mostrarse una nueva puerta?
¿Puede ser un halo blanco de frío
el que anuncie que aún hay aliento aquí dentro,
desde donde solo observo, pero no confío?

¿Puede ser que una oscuridad me ilumine,
que desde lejos me estime
invitándome a una verdad?
¿Puede ser que una corriente más que alterna, alternativa,
alternando entre el ingenio y la sativa,
se haya infiltrado en mi mente?

¿Puede ser que algo se mueva
en lo que creía inerte
y que las ganas de verte
me saquen al fin de la cueva?

32. TIENTO

Entro en ese ensueño que quedó en mi retina.
Voy dando pasos lentos con ritmo seguro y directo.

Observo a cada lado del suelo
finas líneas de hojarasca que se han ido formando
al paso de demonios abyectos,
marcando el camino, imborrable,
para que no me pierda entretenida
con el vuelo de algún insecto.

Miro al frente y vuelvo la vista al suelo
que me marca un sendero
hacia algún lugar
para nuestro próximo encuentro.

33. EN EL DESPUÉS

En el después, en el después…
¿Cómo cuento yo ahora que la cosecha se malogró?
Ahora, ¿cómo te plantas delante de todos y les dices
que se echó a perder?
¿Con qué cara me acerco y los miro, a sabiendas
de que su esperanza es lo que les queda y nada más…
volcada en una utopía?

¿Cómo haces para explicar lo que no quieres mirar?
El cultivo no se murió de un momento a otro,
fue lentamente agonizando hasta que ya no pudo más y su
último esfuerzo fue para dejar morir lo que,
de otra forma, le hubiera matado a ella.

Abrió la puerta del huerto y
sobre la tierra dura del suelo firme,
se dio la vuelta, lo miró,
se sacudió las zapatillas y,
sujetándose el sombrero,
se giró y decidió no volver más a plantar.

34. A MEDIO CAMINO

Voy a medio camino a encontrarte y
vengo llena de miedo.
Parece que no te doy lo que necesitas y
solo reprocho lo que necesito.
Tal vez no soy tan *lo que más querías,*
no soy tan *para siempre...*
Y eso que vengo y vuelvo a volcarme en tu orilla,
me expando y me repliego.

Sí, soy yo quien se recoge y se monta los pedazos,
soy yo quien mira dentro y escucha en caracolas
con los ojos abiertos aunque escueza la sal.

Nadar y sumergirme en mi trance por toda la estancia
hasta tomar conciencia del espacio otra vez
para volver a estar... Y estoy.

Estoy aunque a veces no me veas o no me mires.
Estoy...

Estoy porque me siento, me escucho, me comento,
me río y también me lamento.
Que algunas palabras se hacen heridas
y otras se las lleva el viento.

35. EN LA ORILLA

Te encerré con mis demonios, olvidado,
golpeado por un destino elegido
de desdén, lujuria y distancia.
Frialdad impuesta, pero no de vuelta, y
en tu tiempo de recreo encontrarás
castigo para equilibrar.

Desdén del harapo, grito del ausente,
herida visitada en grupo y no por accidente.

Planes de salida, no secreta huida
pregonada a voces que golpean costillas,
golpes en la mesa, golpes en la silla.
Ya encontré mis ganas muertas en la orilla.

36. RECHAZO

El mayor de mis demonios se llama Rechazo.
Anda encorvado y lleva un saco
lleno de recuerdos malos que es de cáñamo tintado.
También lleva un sombrero de copa desgastado
y debajo una calvicie con cuatro pelos de lado.
Se apoya sobre las esquinas más duras de los cruces
para atacarme sacando una sola cosa del saco.

Sus razones siempre aumentan
su peso cuando las saca,
son esponjas espumosas de desaires condenados.

Multiplica sombras que se alargan sobre mí
vaciando mis bolsillos de tesoros y reservas.
Me arranca cualquier prenda,
me desnuda en su presencia
y solo me visten las gotas que brotan
donde se empañan
las ventanas con barrotes
en medio de un mar y sin bote
para volver a mi orilla.

Soy el que nunca tiene silla, pero esboza una sonrisa.
Soy la que se duele y camina en un mundo tosco,
yo misma me embosco y me espero tras la esquina
escondida para hacerme caer inventando una zancadilla.

Me espero a la salida del día
para darme la paliza con mis pesadillas,
hacerme trizas por deporte,
romperme en tiras enteras como dicte la receta
y de la muerte ser consorte
con calaveras que me vistan y me adornen el escote.

37. UN PASEO

Hicimos un paseo por sus infiernos,
Pero la luz que emitía no desfallecía.
Era más tenue por momentos en su parte externa,
pero su resplandor
siempre era compacto en el interior.
Como un núcleo que concentra el calor.

Con tremenda destreza ordenaba los demonios que allí
habitan,
pero no gobiernan...
Por más empeño con que se entrenen en mostrarse para
que no se aleje del todo de sus tinieblas.

Me llevó de la mano y no me solté.
A ratos sentí que era yo quien le sujetaba y supe
que ese era justo el momento de no soltar,
de sostener sin hacer juicios de valor,
volviendo la mirada circunspecta
por detenimiento y observación.

Este es el sitio...
Me quedo porque sé que la puerta está ahí, abierta.
Me quedo porque hay un lugar caliente entre tanto frío,
aunque hay que saber llegar y, para quien no ve, los tuertos
son los reyes del lugar.

Me quedo porque las cuentas salen al final del papel,
todas las reglas se cumplen y hasta la relatividad
tiene un sitio de verdad que empuja hacia algo más y mejor.

Desde un letargo volvimos por distintos caminos hasta el
mismo punto, completando y complementando antiguos
vacíos que formaban parte de nuestra ya familiar soledad.

Un duro golpe, un dulce sueño,
todo batido en una abrumadora realidad
sin pliegue por donde prenderla
por miedo a que se arrugue y, a la vez,
consciente de su unicidad en cualquiera de sus estados.

Las estancias se transforman,
pero me acogen igual.
Veo cambiar las formas
con el blandir de la espada de luz en su oscuridad.

Los destellos me despiertan a otro día.
Miro a los lados y reparo en la armonía.
Si hay por donde salir
es porque existe un pacto interno
que da lugar a un nuevo tempo
que no puedo evitar seguir.

Chasqueo los dedos, ya que su ritmo me posee.
Una alegría que dejo que me maree.
Y bailo inventándome unos pasos de swing.

38. LAS CORTINAS

Las cortinas verdes han vuelto.
Frondosas capas de vida,
esponjoso paisaje que me abriga.

Se fueron por el invierno,
volvieron para la despedida,
se portan como buenas amigas…
Los panfletos voladores
anuncian nuevos eventos:
Conciertos, funciones, cuentacuentos,
títeres sin cordeles libres de sus aranceles,
libres de tu lienzo y tus malditos pinceles.

Ahora el horizonte se ve.
Ahora mi paladar saborea mieles.
Mis heridas no sangran mientras tú te entretienes.

39. UN PAÑUELO

Se quedó fuera.
Le acompañé hasta el lugar de nuestra primera cita
para recordarle el sentimiento,
la emoción de sentirse pañuelo usado con los primeros
mocos guardado para luego en el bolsillo de cualquier
manera, arrugado y descuidado, a sabiendas de que ahí va a
estar cuando eches la mano…
Solo que esta vez lo hice a mi estilo…
Lo llevé hasta el punto limpio
para que pudiera ser reutilizado por alguien
de alguna forma…
Que el mundo es grande, como él…
Y es un pañuelo, como él.

40. LA SALIDA

He creído perder el juicio en muchos momentos.
Me he comido por dentro sin digestión.
Me he arrastrado por rabia de los pelos
con el puño de la depresión…

Pero el hambre de vivir
me hizo revolverme en el lodo
y me puse a sacar lotos de estos lodos
para curarme de algún modo
muchos palos y experiencias
vividas que no hemos contado.

Tenemos mundos grandes dentro
que nos empujan o nos destruyen
mientras se van perfeccionando en el tormento.
Hábitos que nos habitan, que nos van carcomiendo,
resentidos dolores que se llevan por delante verdaderos
momentos, sufrir con los lamentos
que imploran un derroche de aliento,
una pesadilla eterna de la que salir corriendo.

Una bocanada de aire y me revivo,
enfoco mi mirada
en el calor de mis entrañas y me digo:
«Búscate las mañas.
Seguro que hay algún agujero
por el que la luz se cuela,
aunque aún llora mi alma debajo de la escalera,
pero transforma en espada lo que antes era caña y
abandono lentamente la noche más larga
hacia ese lugar que mi espíritu añora».

41. ENAMOR-NADA

Mi corazón salió de paseo, de aventuras…,
sin pensar que iba a terminar debajo de tu cama,
visitando tus monstruos y tormentos
que jugaban a cocinar tu locura
entre risas y travesuras.

Me quedé a jugar un rato y
bebí de aquella taza de té imaginaria
en la que había veneno real.

Me quedé a inventar un rato…
que ese era un lugar de la infancia,
pero no para quedarse.

Y te enfadabas…
porque asegurabas que había que alimentarles.

Salías con ellos agarrados de la mano y,
según te alejabas de debajo de la cama,
se hacían más opacos y más grandes.

Miré a mi lado y ya no estabas…
Miré otra vez y solté asustada
la mano que me sujetaba.
Una sombra, una musaraña,
una voz oculta y tapiada,
un alma taimada, enodiada,
olvidada, enamor-nada.

42. BOLA SINGULAR

Por suerte la puerta está abierta,
solo que olvidé que lo estaba.
Escondí la llave en un cajón
al lado de un montón de excusas malas.

Mi piel se iba secando,
me salían grietas donde no tenía antes,
mis párpados se entristecían y
ni siquiera la jaula era dorada.

Entonces lo vi… La luz se coló
por una rendija;
lo suficiente para iluminar el hueco por el que salir.

Quise ser cortés acompañándote a la salida
mientras tus últimos sables
trataban de cortar los que, según tú,
eran unos finos hilos que me sujetaban.

Tan débil y delicada…
Sin caer en la cuenta de que mis delgados cordeles
eran tus sogas al cuello y la libertad de mis grilletes.
Tu bola encadenada, demasiado singular.
Eran bolas encadenadas lo que solías contar.

43. EL CUADRO

Ese cuadro cambiante era
una proyección o un cuento constante.
¿Ese cuadro era sombra o era la luz que recibía?

Juro que, en un instante,
miré dos veces rápido y
las formas que veía ya no eran las de antes.

Miré por todas partes…
Unas manos unidas que se-paraban lejos
creciendo al acercarse.

Vaciando los baldes al pisar por descuido.
Coloreado oscuro sin reflejo ninguno.
Solo presente al tapar la luz
proyecciones, escondites de avestruz;
ya solo queda uno y está ido.

Las ruedas ya no giran,
no encajan bien las muescas.
Salí, apagué la lámpara y
adiós sombras chinescas.

44. EL VERANO

Su estado normal era embriagado,
de veneno o de sí mismo.
Los colores del verano le iban dejando de lado,
Pero se empeñaba en verse en esa estación.

Su estación: verano
Su parada: el pasado
Su visión del futuro era un castillo de naipes
construido sobre servilletas de papel.
Sus ideas, siempre un vaivén
de multitudes y soledades.

Su público imaginario siempre ansioso de más.
¿Sus fans? Todos él mismo con diferente disfraz.
Era un básico venido a perspicaz
Un cristal pintado por detrás...

Y se miraba pretendiendo que veía más allá,
que su reflejo era otro personaje más,
alguien admirable en esa otra realidad,
alguien deseable con quien compartir su mal,
sus perversiones, sus secretos de vanidad.

Alguien con quien conversar
mientras desempolva fotos antiguas
diciendo que son novedad
para asombrar a su audiencia, haciéndose admirar.
Misión del gran envidioso es envidia despertar.

45. RE CORDIS

Fácil, para mí, entrar en tu gravedad y dejarme caer.
Fácil perderme entre multitud de caras para olvidar
con férrea voluntad de recordarte.

Encontré desiertos en todas partes,
exceso de calor, ausencia de referencias y un solo mapa
grabado a fuego en la zona que recuerda.

Recuerda, recuerda, otra vez la cuerda,
otra vez la loca, otra cuerda...

Otra vez pasa por el corazón
lo que has de volver a ver. Recuerda...
De lo malo se aprende y lo bueno se conserva.

46. CUIDADO

Cuidado con su sinceridad.
Me conquistaba con los tallos
de unas flores viejas ya regaladas
a otro antiguo amor.
Sus pétalos cayeron y
ya pocos estambres adornaban su interior...
Y, aun con esas, se convencía de que podía
encontrar algo mejor.

¡Cuidado!, me dije,
que voy recogiendo escombro tras su paso y
él interpreta que soy séquito y él rey.

¡Cuidado!, que mi corazón de nube
pinchado en un palo al fuego
se está quedando quemado y
me quiere desaparecer.

¡Cuidado!, que cada pastel que hago
tiene la guinda mal puesta.

Cuidado con los ruidos,
que me voy a echar la siesta.
Fui saliendo de puntillas y se cerró la puerta.

47. TIEMPO PERDIDO

El tiempo, a menudo, es perdido y
contrasta con la esperanza,
que es lo último que se pierde

Y, sin embargo, esta última,
basa toda su razón de ser
en la existencia del primero
en un momento certero
de todos los que anda trayendo.

¡Menudo invento el tiempo!

Que, si lo miras muy de cerca,
lleno de acontecimientos,
lo llaman *pasado* y
se quedan ensimismados o
muertos de miedo esperando el otro lado,
brillante u oscuro.

A este le llaman *futuro*.

Dos brazos distintos de un mismo invento,
algunos días son cuentos y otros lamentos,
pero todos en el Tiempo.

Para algunos son miles de años
que comienzan en febrero.
Otros miran a la luna para adorar,
ayunar y curtir el cuero.

Ofrendas desde el verano,
de otoño y de invierno
y, al nacer de nuevo todo, lo llamamos *primavera*.

En fin, llámalo como quieras,
se va a escapar igual.
La diferencia que veo
es que hay una parte que nunca se pierde,
palpable y sin gran esfuerzo,
tiene nombre de regalo.
Ahora abre los ojos lentamente:
este es *presente*.

48. DESPEINADA

Me peino muy pocas veces.
Me gusta ir por la vida despeinada.
Saber que la naturaleza salvaje de mi pelo
percibe a su manera y forma este peinado
así, sin peinar…
Peinado despeinado.

Por lo que vale un peine y,
por más que valga, pago.
Que curé mi ojo vago,
le corte la nariz al pavo
por no limpiarle el moco
y, por si fuera poco,
me gusta lo que hago.

49. AL REVÉS, NO

El silencio se hizo más presente.
Sin poder acallar la mente,
me lamía las heridas.

La única verdad era la tuya,
tus dolores los más intensos,
tu discurso encantador.

Mi mutismo no te daba la razón,
pero a ti te valía…
Y en el espejo cada día, con sigilo,
repasaba la maleta y
el viaje de vuelta a mi corazón.

Siempre, de tripas, pude hacer corazón.
Al revés, no.

Mi silencio era estridente,
gritaba en mi interior.
Era el plan de despedida,
la salida que solo se abre
una vez en el avión.

50. ÚLTIMA PARADA

Me bajé en la última parada
que me decía el mapa.
En aquella estación
en la que, poco a poco,
todos se marchaban.

Esperaba una nueva dirección,
un movimiento del corazón que me guiara,
aunque pronto me fui dando cuenta
del ambiente y lo que me rodeaba
y esperando que vinieras
a aquella cita, por una razón cualquiera,
el polvo del desierto me dio en la cara.

51. CUERDA

¿Qué se le va a hacer?,
yo también disfruto
¿Te has tenido que ir?,
en el suelo esputo.
Yo planté mi árbol,
ya recojo el fruto.
No hay más que decir,
el destino es puto.

No te preocupe tanto si estoy cuerda.
Mi reloj funciona porque le doy cuerda.
Si quemas mi mano yo suelto la cuerda.

Era tu comadre, no tu sierva.
Yo papel, tu tijera
hasta que encontré la piedra.

52. LA INVITACIÓN

Fui invitada a la función
por quien creía que era el protagonista.
Me dejó ver el panfleto que anunciaba la obra
y allí salía todo el elenco de intérpretes que participaba.
Había dos o tres mujeres, varios hombres…
Todos títeres de una misma mano.
Todos participativos en la trama.
¡Qué cómico! ¡Qué pesar!
y solo él detrás.

53. PUEDE SER

Puede ser que después de perderte
me perdiera
para entenderte mejor desde fuera.

Puede ser que al volver no me quieras.
Puede ser que, aunque sí,
ya no haya un *volver* o que,
como te dije una vez,
nuestro amor es eterno y, eso
también puede ser.

Puede ser que te espere las vidas que sea.
Aunque a ti te dé miedo hablar de la muerte,
yo siento muy dentro que volveré a verte,
aunque tú no lo creas.

54. DESAYUNO

Suena el timbre, la alarma
del despertador o la campana.
Cambio del letargo a la vigilia y
comienzan a salir corriendo,
ansiosos de estar ociosos,
todos mis demonios al recreo.
¡Comienzan los juegos!

Ya hace años que no me esperan bajo la cama.
Madrugan conmigo,
al acecho de la energía temprana.
Se despiertan hambrientos,
se desayunan mis ganas y,
si no tienen tarea,
en la destrucción se afanan…

55. LA MEDIDA EXACTA

El olor de mi pelo
cuando acabo de marcharme
recién duchada.
La medida exacta de tu sonrisa.
El tono de tus palabras a un
par de centímetros de mi cara.
La luz que mi alma emana.
Mis lágrimas de gratitud por la mañana.

56. ESPEJOS

Varias miradas de reojo
confundidas entre imágenes
concretamente elegidas
con toda la intención de esconderse y
con todo el interés por ver las reacciones.
Pasaron las estaciones
y, aún, nuestros espejos
brindaban los mismos reflejos
sin matices nuevos,
tal vez solo un poco más oscuros
por el tiempo.

57. MAREA

He venido a la profundidad
de este, tu mar de dudas,
para, con mi marea,
mover dentro esas sombras
que iluminan tu averno
trayéndote el vaivén de unos latidos,
que te despierten
cuando rompamos en la orilla.

Quedaremos un momento
atrapados en la arena
hasta fundirnos de nuevo
en el oscuro océano…
Y te seguiré meciendo respetando tu sueño.

58. DISFRAZ NUEVO

Tenía atuendo nuevo
en su armario de disfraces.
Una nueva colección de fotos robadas
era su pase al *glamour* deseado.
Aunque le faltase el alma...

Tenía todos los tatuajes y
todos los agujeros disponibles
para marcar, como en un pin-ball.
Mareaba la perdiz
para mostrar esa nueva expresión
del alter ego de su contraria imaginaria...
Y, como la soledad apremia cuando es solitaria,
publicó un video antiguo de una cantante...Yo...
Para ponerle voz a su nueva ilustración.

59. LO NUEVO Y LO VIEJO

Lo nuevo huele a intacto,
a primera escena del primer acto,
a falta de experiencia.
Huele a inocencia.

Lo nuevo huele
a sonrisa nerviosa ante una sorpresa.
Huele a traje de un solo uso por lo que pesa.
Lo nuevo viene vacío
con los ojos muy abiertos.
Lo nuevo viene y no importa
si hay alguien mirando,
escuchando u observando.
Lo nuevo siempre entra
y se deja abierta la puerta.
Lo nuevo se crea en la cueva y
se muestra en los conciertos.

Pero llega el paso del tiempo y,
de lo nuevo que era, poco a poco, se convierte.
A partir de un solo instante,
ese momento cierto en el que nadie mira…
Y ya hablamos de lo viejo.

Lo viejo cuenta historias y se rodea de aromas,
de formas, de risas y de instantes que recuerdas.
Los cuentos lo reviven e iluminan el fulgor efímero que
desprenden.
Está en el olor
de un mueble antiguo de madera,
en los mejunjes y productos
que usaba tu abuela.
Lo viejo te encoge un poco,
te inclina la cabeza para pegar el oído.
Tiene un montón de mantras convertidos
a partir de consejos.
El mejor de mi abuela:
«Si quieres saber, cómprate un viejo».

60. LA CENA

Entonces un día despiertas…
Se abre una puerta por la que entra un Sol
que te ilumina y te ciega.
Las esperanzas se mezclan
con las voces agoreras
y te sientes como un pájaro
que quiere volar, pero no despega.

El salitre pegado en la piel empieza a quemar
mientras la sal que te sacudes
cae en heridas abiertas.

Suena una sirena y te incorporas
rodeado de caras de desconcierto,
ojipláticas, entre la alegría y la pena.

Tratas de juzgar la escena…
Te debates entre
una búsqueda de libertad o una condena…
Pero parece que vas a caer
en la olla y eres
la cena.

61. HE SOÑADO CONTIGO

Han pasado los años y aún
sigo soñando contigo.
Todavía nos queremos en mi sueño y
me acaricias el pelo
mientras lo colocas tras mi oreja y
una pequeña sonrisa se dibuja en tu rostro
y te sale un *te quiero*.

He soñado contigo y era verdadero
Y, al despertar, la distancia me ha devuelto
de un revés a la realidad, pero
estaba tumbada en la cama, por suerte,
soñando contigo de nuevo.

He soñado contigo y da igual si somos jóvenes o viejos;
nuestro amor es perenne y los días y años
ya no lo desgastan, solo le curten el cuero.

Sí, aún te quiero, y
según pasa la vida
se me van olvidando los peros
y valoro más los momentos que crean recuerdos buenos.

He soñado contigo y mi sueño
se ha quedado abierto.
¿Por qué puerta habré de pasar
para que se vuelva cierto?

62. SIN REFUGIO

Hoy, entre recovecos de mi alma gastada,
he encontrado miles de tinieblas.
He visitado lugares oscuros donde el lamento es más cierto
que ningún otro pensamiento y no queda un hueco sin
ocupar por el desvarío.

Pongo la mano en el fuego y
me quemo sin soltar quejío.
Me he muerto tantas veces por dentro
que para qué dejar que entres a verlo,
no hay nada de atractivo…
Es una maraña de sentimientos inconexos
lo que lo habita, y en ocasiones lo ves
y otras solo te golpea las entrañas,
hacia dentro,
desde bien profundo, donde nada engaña…

Me muestra su vulnerabilidad y a mí me extraña,
estoy harta de compartir mi tienda de campaña.

Me meto en mi refugio,
donde mi interior me abraza con saña
hasta casi asfixiarme encogida
sin dejarme expandir el pecho
para que el latido viva.

Lanzas destellos de una oscuridad común aunque distinta.
Viendo que tengo acceso a eso paso de tus pintas,
desde que hablamos solo gasto tinta y
mi creatividad da a luz
a aquello de lo que se encinta.

63. DÉCIMA AL SOL

Otra vez sin avisarme,
salió el sol por la mañana,
se puso la luz temprana
sin tiempo para estirarme.
Da igual el drama que arme,
Ya salió el sol él solito.
Me hago el café y le invito,
me siento con él y escribo,
me agarro fuerte a mi estribo
y no cometo un delito.

64. ¿POR QUÉ SERÁ?

¿Por qué será que yo,
que no soy nada nuevo,
que no soy nada eterno,
mis looks no son de foto,
yo y mi corazón roto…

yo, así, de andar por casa,
yo, sin pillar las guasas,
yo, con mi bicicleta
despeinada, en chancletas
y nunca de mí pasas?

65. LAS BOTAS

He estado hundida dentro de mi casa,
mi fuego se hizo brasas
y no ardía lo suficiente para calentar mi alma.

Se enfrió mi carcasa…
Y quedé descubierta y expuesta al frío invierno
de un desinterés.
Me saqué del lodo
cuando no me importaba nada y
me daba miedo todo.

Me mataba las ganas
envenenando mi propia fruta al desayunar,
días perdidos por un bucle de ansiedad
repetido como el día de la marmota.

Con la muñeca a punto, me brota,
desde un pozo insólito,
la cura a esta derrota.
Me dieron ganas de bailar, de vivir, de comer…
Y me volví a poner las botas.

66. LA POSADA DE LAS ALMAS

Cuando el pelo enmarañado les empieza,
otra vez, a hacer cosquillas en la frente…
Esa frente alta y arrugada
por el periplo ya viajado,
aunque preparando seguir.

En estas tierras lejanas no tenemos habitantes,
solo visitas de piratas,
marineros y almas errantes.
En La posada de las almas,
estos errantes amigos,
vienen a tocar con sus manos huesudas
las puntitas del reposo
porque solo están de paso en sus ombligos.

Entretenidos con sus espejos,
se miran, pero no se ven, buscando por detrás adónde
habrá ido la imagen…

Y, sin miramientos, va al mar…
El mar en sus balanceos de marea
no sufre el desequilibrio que crea en sus orillas.

En sus fondos,
no siempre se nota el vaivén.
Si la marea es fuerte,
se revuelven sus fondos
quedando todo desordenado envuelto en arena
y, al calmarse la nube,
se dejan en lo más hondo
conchas y caracolas para adornarse las penas.

67. ¿CUÁNTAS VECES? Con Alex C.

¿Cuántas veces yo te he dicho
que dejaría las drogas?
Me aprietan mucho las sogas
encerrado en este nicho.
¿Cuántas veces te habré dicho
que escribiría mi libro
para dejar una huella,
dejar impregnada en ella
esta esperanza que libro?

68. ME RINDO

Me rindo al mundo interno que quiere salir.
La vida me empuja a usar
mi miedo como un proyectil.
Se abren las puertas invisibles,
me funcionan los fusibles y me sale bien.
El cielo me acompaña y los astros se alinean
conectándome a lo no tangible.

69. AL CAMPESINO VIEJO

Se te secaban las tierras
por falta de lluvias buenas.
Para ti no era condena,
tú no eres de los que entierran.
Los ladridos de las perras
tampoco te daban pistas.
Se acabaron las conquistas,
ya se te asoman los cielos
por debajo de los pelos,
lo redondo y las aristas.

70. MALQUERER

Riego las macetas, pero tus plantas no están.
Hago las galletas que más te gustaban.
Aún oigo tus risas cuando me asustabas,
el brinco que daba
resonando con tus carcajadas.

Siento que me llamas, pero sé que lo imagino.
Me pongo una copa de vino y pincho un vinilo,
y lo subo, lo subo.
Y me siento agradecida, aunque no estés,
por lo que hubo.

Bailo y mientras giro contenta
tu olor se me acerca en un halo,
como en una peli de ficción,
tocándome el hombro para presentarse
porque me ha visto
desde el fondo de la habitación.

Dulce olor del desengaño que quiere volver.
A ser ciega e ingenua, a quererte otra vez…
Aunque sea de mentira,
fingiendo que nunca estuve tan herida
por tu malquerer.

71. TODO PASA

Pasan los días, las horas, los coches.
Pasan las fechas señaladas que solo recordamos
cuando se hace de noche.
Pasan de hablarse en un momento dado
si solo quedan reproches.
Guarda las fotos y los antiguos broches.

Pasan los años, las frutas, las flores.
Pasan de largo los rancios amores.
Pasan las cuentas y… ¡ay!, los días de derroche.
Pasan demasiadas cosas
como para que llores.

72. REGATEO

Más que comprar un dolor nuevo prefiero el regateo;
si no me pintan los bolis, siempre están los lapiceros.
Pintan cuando sale el sol y cuando cae el aguacero.
Escribo en clave de sol y lo leo con sombrero.

73. SOMBRA FELIZ

La sombra feliz de gato
que apareció por sorpresa
dejó mi mirada presa,
descalza sin mis zapatos.
Suave sombra sin recato
que te envuelves en mis manos,
que comes platos insanos
rebuscando en la basura,
aunque tu mirada es pura
y defiendes a tus hermanos.

74. NO ME FUI

Nunca me fui…
Es que tú no avanzabas y,
como quería estar a tu lado,
siempre volvía.
Pero la distancia era
cada vez más larga y
una vez me quedé aquí…,
pero no me fui.

75. NOSTALGIA

Sin prisa, pero sin pausa;
sin risa, pero con causa.
Tu brisa rompe mi magia.
Tus besos ya son nostalgia.

76. NOTICIERO

Era un noticiero de penas y agonías.
Discurso suprahumano
que, solo en una mano,
sostenía los valores que apenas sabía imitar.
Un esqueleto moribundo
sin nada que ofrecer al mundo,
más que críticas… Críticas y juicios
desde la más profunda frustración.

Su envidia concomitante le iba encogiendo desde dentro,
deformando su postura hasta parecer la propia *f* de su
frustración fanática;
fingidor y *funambulista* sobre una cuerda floja en la que
sentirse fuertemente débil,
mirando desdeñoso
por encima del hombro
a todo el que ose ver algo
más allá de lo que él ve.

77. TEJEDORA

Soy tejedora del tiempo y de los argumentos,
los sentimientos invaden mis visiones.
A veces son sueños...
Otras, cuando estoy despierta,
hay una ventana abierta
por la que me silba el viento
mientras llegan sin remedio las estaciones.
Monedas de argento
para el oráculo de la bruja tuerta.

Si quieres saber cuánto le queda
a la aventura, ya estás muerta.
Ten cuidado para que la pócima no se vierta,
que si te pasas me supuran las heridas.
Se me saltan las suturas
de dolores de otras vidas.
Camino un rato a tientas
entre calles y avenidas,
estudio sus movimientos y locuras,
recojo flores y hierbas y las uso hervidas.

78. LUCES ROJAS

«Las luces rojas también se apagan», le dije…
Pero no lo entendió
Las luces rojas siempre identifican
una situación especial,
anormal al comportamiento cotidiano,
un peligro o una circunstancia de alarma.
En ocasiones parpadean y vienen acompañadas de
sirenas…
Pero estas son de las que no se ahogan
en ningún mar de lágrimas y
son las mismas que,
para ahorrar energía, las desconectan.
Igual que se salva una distancia, se la deja morir por
conveniencia, sin consecuencias,
para recargar energía para próximos desgastes necesarios.
No porque se gasten, sino porque
las luces rojas también se apagan.

79. EL SALÓN

Despierto... Llevo días despertando en la agonía de
perderte.
Despierto algunos días más adormecida
por la melancolía repasando tus idas y venidas, tus luchas y
momentos de paz.

Me siento inerte,
fría como el invierno del Jerte.
Témpanos adornan la sala de espera
oscura y lúgubre que mi corazón ha decorado para el día a
día.
Su color rojo sangre se va volviendo negro por los bordes y
más de piedra que de tejido.

Según voy saliendo del cuarto,
más va muriendo y solo late si estoy dentro...
Pero ya no tengo tiempo,
pocas son las veces que vengo y
me lo encuentro un poquito más muerto
cada vez que vuelvo.
Son un montón de capas de dolor:
ansiedad, sudor y nervios
son los cojines que forman el sillón.
Al sacudirlos desprenden algo de luz,
algún gemido guardado o algún confuso adiós.
Debajo y entre ellos, he encontrado trozos de algún
olvidado amor
que perdí por falta de atención o falta de calor.
Se van secando los días aquí dentro
en *El salón del corazón muerto.*

80. JUSTO ALLÍ

¡Mira, es allí!, justo allí.
Allí donde señalan mis dedos,
arriba en el cielo estrellado
de una noche de verano
que el enrojecido atardecer nos da oportunidad de ver,
efímero y luminoso.
¿Será que así podemos ver las estrellas
que son los amores perdidos
que fueron a parar una vez allá
para que, desde lejos, a destellos,
nos vuelvan a iluminar
el corazón de vez en cuando?

81. ¿AQUÍ?

Cuando entró fue porque era un regalo
esponjoso, confortable y me sentía bien con él.
Debido a su tamaño, tuve que hacer algunos cambios para
poderlo encajar.
¿Aquí? No, demasiado cuadrado.
¿Aquí? No, demasiado corto.
¿Aquí? No, poco flexible.
¿Aquí? No, me molesta la luz…
Cuanto más grande se veía,
menos me encajaba y más se me encogía.
Inventé mil sitios
disponibles para darle su lugar,
mil formas y espacios, mil luces y sombras…
Pero, mira, solo había un lugar,
un agujero por el que salir o
por el que empujar a presión lo que se deba ir.

82. ESPEJO

Todos somos el espejo de alguien.
Vamos buscando ese otro que se parece
en lo esencial, en lo que no se ve…
Para formarnos una explicación buena, mala, comparativa,
exaltante o victimista que justifique nuestro modus
operandi,
volatilizando el peso
de nuestro argumento responsable
y sus consecuencias inevitables.

Somos esa explicación con forma ajena que tiene las claves
del otro y, por esto, no encontramos las propias.
A través de las vigas de mis ojos puedo ver las pajas en los
tuyos… Pero desde otro plano,
el verde de otro jardín siempre es más verde y nunca
estamos contentos,
aunque osemos mirarnos el ombligo
como único universo existente.

83. ME VOY

Me voy a vivir sin prisa
como un pájaro que canta desde la cornisa.
Por la mañana me despertará la brisa
y en un horizonte cercano fijaré la vista.
Yo tengo alas, no poses de revista.

84. HIJA DEL MAR

Empecé a mirar sin verle,
a oírle sin escuchar,
a evitar tocarle y, si lo hacía,
ignoraba los mensajes que mandaba mi piel.
Su olor me congestionaba, quería robar mi aire
y hacer compulsiva mi tos.
Un agobio incesante
entre condenas cumpliéndose y
dagas esquivadas a punto de cortar la cara.
Cogí el único bote disponible
en la orilla de la Isla del señor Horror.

El más deformado de todos, como buen anfitrión.
Untado en pomada
recetada mil veces por diferente doctor,
pintaba en la arena sus bondades con carbón,
en el descuido de una marea que bajaba
dejando al descubierto las partes tiernas de mi océano…

Pero mis aguas son sagradas.
Neptuno me adoptó, a falta de un buen padre…
De él heredé el tridente con todos sus poderes,
lo oculto entre mis haberes y
solo lo saco cuando lo requiere la corriente
Y aquella vez fue fuerte…
Aunque bastante torpe,
el señor Horror quería ahogarme en mis propias aguas.
Disponía los erizos para que yo los pisara.
Las patas de los centollos más afiladas
esperaban puntiagudas,
colocadas cuidadosamente a la altura de mi cara…

Pero el agua me salvaba.
Hay una corriente acuática
que me protege y me cura.
Malograba mis recetas y, en las suyas,
mis queridos crustáceos se rebelaban.
Se pasaban *amoniando* sus delicias
para devolverle la pifia
que a escondidas me entregaba.
Ya, sabiendo lo que sabía, me bastaba.
Las caracolas con sus noticias
me mantenían informada.
Iluso infante con cuerpo de anciano almirante
que creía manejar la nave
para que mi propia materia me matara.

85. EL BIENQUEDISMO

Forma de comportamiento y actitud
que se va transformando y adaptando
a la situación con el único propósito
de encajar en su autoimagen o ego existencial
utilizando todo tipo de objetos, personas,
lugares, frases hechas o miramientos a otro lado...

También disponen de varias capas de hipocresía, como una
cebolla, para cubrirse de las críticas siempre que haya otro
ser en el que puedan caer,
evitando así manchar su autoimagen.
Imagen bendita, imagen ya tísica.

Buscará formas indirectas
de comunicar su resentimiento confuso y
nunca te dirá de frente su pretensión,
por mucho que se tense.

Aprenderá rápido lo malo
para decir que lo has hecho tú
y se aprovechará del resultado.
Dejará que la mierda te caiga por la cabeza
mientras se ríe con los que te la echan encima
y te dará una toalla para que te limpies con una sonrisa
nunca expuesta a bruxismo o duda de bienquedismo.

Siempre quedando bien.
Dios me libre de ser así.
Amén.

86. CON TU MALDAD

Con tu maldad lo conseguiste,
solo puedo ir a dejar
mi amor en un sitio triste,
llevar algo que crezca
y que así te alimente
en esta etapa eterna.

Dejar una muestra de lo que aún me queda.
Dejar que florezca en medio de esta mierda.

Mentiras directas que quiebran lo bueno y
en penas se van por un agujero.
Después de llorarle mil veces al muerto,
quitarme el vestido y mirar hacia adentro,
descubro en lo hondo de todo lo falso
que un solo mal paso te lleva hasta el fondo.

A veces de todo y a veces *de nada*
por darme las gracias por no usar mi espada.

Pero todo cambia…
El clima te mata y, si no te aclimatas,
te sangra el destino
que vendrá, muy fino, asomado a tu verja
en verano de lino y en invierno a tientas
para que no te des cuenta cuando llega.

87. MI RECREO (continúa a *25. El recreo*)

El demonio se va y la reina vuelve…
Solo un botón de la blusa suelto.
Solo una raja en la falda
para intuir mi cuerpo esbelto.

Solo un susurrado lamento
al notar la humedad
que me empieza a invadir el interior externo
desde el de dentro.
Un chispazo, un calambre,
un escalofrío que va directo,
una sensación que estira mi cuello
y vuelca mi cabeza hacia atrás.

Una electricidad conocida en movimiento,
un encaje desencajado que cae al suelo.
Unos caramelos que quedan sueltos,
vistos como dos faros que invitan a dar un tiento.
Una salida del tiesto, un secreto no confeso,
un aliento preso, un pálpito acelerado.

Una gravedad suave y un flotamiento.

88. ¿QUIÉN SOY?

Estoy tras esas puertas
que aún no has abierto.
Estoy bajo la arena del desierto.
Estoy sintiendo el cuajo de la pena,
de la mía y de la ajena,
en tremendo desconcierto.
Estoy en la primera gota de la nieve derretida
en esa pronta herida
que se va curando al viento.

89. UNA DE ESAS COSAS

Me ha pasado una de esas cosas
de las que nadie presume.
Que quien se entera asume
que puede comentar las losas
sin haberlas levantado.

Sí, también me ha pasado…
Me ha pasado ilusionarme
viendo lo bueno en la maldad.
He pintado de rosa cosas
que no es cómodo contar.

Espera, no digas nada
Sé qué vas a preguntar:

«Pero ¿cómo tú tan, tan…
tan lista y brava,
has aguantado estar
en un cajón encajada?».

Pues verás, es que es muy fuerte la ilusión.
Mi intuición ya lo sabía pero lo vivía yo,
tomaba notas sabias que yo no me creía
y un día nos sentamos a repasar los apuntes.

Insisto: escucha, no preguntes.

90. LOS HELADOS

Los días helados para el corazón.
Los momentos helados en que una noticia
me vuelca hacia adentro,
donde no hay salida para la emoción
cuando es muy profundo el dolor.
Un abismo,
un agujero negro del que no puedo salir,
no por censura sino por protección.
Una reacción ancestral de ocultación de la emoción
para la supervivencia.

Los helados se extienden yermos
en un desolado pecho donde no late nada,
donde no hay líquido que soltar
ni la nada nada
ahogada en su propia condición.
Una punta de espada apuntando en el centro
de mi cuerpo físico y mi alma tísica
no puede quemar carbón
muriéndose de frío.
Una multa de la existencia.
Una cifra de karma que paga la cuenta.

91. PASADO DE MODA

Un montón de atuendos desordenados,
amontonados sin ninguna opción de ser reconocidos o
diferenciados del resto.

Un montón de restos
que una vez fueron el primero,
el del día perfecto,
el detonante de una felicidad o
el envoltorio de una tristeza sobrevenida
que, aún cubierta,
va desnuda por la vida,
sin falsedad posible, en pelotas.

A gritos,
algunas piden una transformación necesaria
porque las ganas de vivir apremian y uno sabe cuando
todavía le quedan vueltas a sus tuercas, a sus hilos,
a sus cordones cruzados
en corpiños ajustados que, por ahora,
ni se ajustan ni sujetan
más que su propia esperanza
de ser vistos otra vez.

92. ASTILLAS PARA MI LUMBRE

Hice astillas el ataúd
en el que quisiste enterrarme
y aquí estoy, a la luz
de una lumbre que tu nunca tendrás
Aunque te quemas por dentro
no escucho ningún lamento que llore por ti
Será que ya no lo siento,
que me arranqué tu tormento
que ya no hay un infierno que compartir